출애굽기 상

주께서 백성을 인도하사
그들을 주의 기업의 산에 심으시리이다
여호와여 이는 주의 처소를 삼으시려고
예비하신 것이라 주여 이것이
주의 손으로 세우신 성소로소이다

_ 출애굽기 15:17

유슬북

구약성경 통독표

순번	성경 목록	장	절	평균통독 시간/분	순번	성경 목록	장	절	평균통독 시간/분
1	창세기	50	1,533	203	21	전도서	12	222	31
2	출애굽기	40	1,213	162	22	아가	8	117	16
3	레위기	27	859	115	23	이사야	66	1,292	206
4	민수기	36	1,287	165	24	예레미야	52	1,364	300
5	신명기	34	959	147	25	예레미야애가	5	154	20
6	여호수아	24	658	99	26	에스겔	48	1,273	201
7	사사기	21	618	103	27	다니엘	12	357	62
8	룻기	4	85	14	28	호세아	14	197	30
9	사무엘상	31	810	136	29	요엘	3	73	11
10	사무엘하	24	695	113	30	아모스	9	146	23
11	열왕기상	22	816	128	31	오바댜	1	21	4
12	열왕기하	25	719	121	32	요나	4	48	7
13	역대상	29	942	119	33	미가	7	105	17
14	역대하	36	822	138	34	나훔	3	47	8
15	에스라	10	280	42	35	하박국	3	56	9
16	느헤미야	13	406	61	36	스바냐	3	53	9
17	에스더	10	167	29	37	학개	2	38	6
18	욥기	42	1,070	115	38	스가랴	14	211	33
19	시편	150	2,461	275	39	말라기	4	55	11
20	잠언	31	915	92		합 계	929	23,144	3,381

신약성경 통독표

순번	성경 목록	장	절	평균통독 시간/분	순번	성경 목록	장	절	평균통독 시간/분
1	마태복음	28	1,071	130	15	디모데전서	6	113	14
2	마가복음	16	678	81	16	디모데후서	4	83	11
3	누가복음	24	1,151	138	17	디도서	3	46	6
4	요한복음	21	879	110	18	빌레몬서	1	25	2
5	사도행전	28	1,007	127	19	히브리서	13	303	41
6	로마서	16	433	58	20	야고보서	5	108	14
7	고린도전서	16	437	57	21	베드로전서	5	105	15
8	고린도후서	13	256	37	22	베드로후서	3	61	9
9	갈라디아서	6	149	19	23	요한1서	5	105	15
10	에베소서	6	155	18	24	요한2서	1	13	2
11	빌립보서	4	104	14	25	요한3서	1	15	2
12	골로새서	4	95	12	26	유다서	1	25	4
13	데살로니가전서	5	89	12	27	요한계시록	22	404	61
14	데살로니가후서	3	47	6		합 계	260	7,957	1,015

구약성경	39권	23,144절	1,006,953문자	352,319단어	평균 통독시간	56시간
신약성경	27권	7,957절	315,579문자	110,237단어	평균 통독시간	17시간

우리는 성경을 읽지만, 세상은 우리를 읽습니다!

성경은 세상의 모든 책을 담을 수 있는 가장 큰 그릇입니다.
성경 필사는 단순히 베끼어 쓰는 게 아니라, 눈으로 말씀을 읽고 손으로 쓰면서 머리로 생각하는 작업입니다.
눈과 손, 머리를 동시에 동원하므로 성경 필사는 오래전부터 그 효과가 입증된 글쓰기 훈련법입니다.
세계적으로 저명한 사람들은 필사의 경험 없는 사람이 없습니다.

손과 종이 위에 연필 끝이 만나는 순간 미묘한 시간차가 발생합니다. 필사가 제공하는 틈 그 순간에 머리는
가만히 있지 않습니다. 단어와 문장을 거슬러 올라가고 맥락을 헤아리고 성경 말씀을 되새김질 합니다.
또한 눈으로 읽을 때는 미처 보지 못한 내용을 필사 과정에서 발견하고 깨달을 수 있습니다.

성경 필사는 하나님 말씀이 생명력 있게 살아나게 하는 작업입니다. 하나님 말씀이 우리의 마음에 가득할 때,
하나님은 우리의 소원과 기도 제목을 들으시고 이루어 주실 것입니다. 성경의 진리를 오직 말씀과 성령의
조명으로 해석하여 교리를 세우고 모든 삶의 기준과 원칙으로 적용한 청교도처럼, 예수를
가장 잘 믿으며 가장 순수한 신앙으로 살아가는 "크리스천"이 되기를 소망합니다.

엮은이 김영기

우슬북 성경 쓰기 시리즈 특징 ···· 필사와 통독의 기쁨을 함께~!

볼펜, 만년필로 성경 쓰기 편한 고급 재질의 종이 사용

[우슬북 구약성경 쓰기 시리즈 ❷ 출애굽기 상]은 유성볼펜이나 만년필 사용에 적합하도록 도톰하고 고급스런 광택이 나는 재질의 종이를 사용하였습니다.

성경 쓰기 편하도록 페이지가 180도 펼쳐지는 고급 제본

[우슬북 구약성경 쓰기 시리즈 ❷ 출애굽기 상]은 책을 펼친 중간 부분이 걸리지 않도록 페이지가 완전히 펼쳐지는 180도 고급 제본을 사용하였습니다.

10여 년의 경험으로 성경 읽고 쓰기 편안한 글씨체 사용

[우슬북 구약성경 쓰기 시리즈 ❷ 출애굽기 상]은 통독을 겸한 필사가 가능하도록 읽고 쓰면서 스트레스 받지 않는 글씨체를 10여 년의 실패와 경험으로 선정, 사용하였습니다.

따라쓸 수 있는 한자 병기로 말씀 묵상의 극대화

[우슬북 구약성경 쓰기 시리즈 ❷ 출애굽기 상]은 긍정적이고 따라쓰기 쉬운 한자(漢字)를 병기(倂記)하여 깊은 묵상을 극대화하였습니다.

이스라엘 자손이 학대를 받다

1 ¹ 야곱과 함께 각각 자기 가족을 데리고
애굽에 이른 이스라엘 아들들의 이름은 이러하니

² 르우벤과 시므온과 레위와 유다와

³ 잇사갈과 스불론과 베냐민과

⁴ 단과 납달리와 갓과 아셀이요

⁵ 야곱의 허리에서 나온 사람이 모두 칠십이요
요셉은 애굽에 있었더라

⁶ 요셉과 그의 모든 형제와 그 시대의 사람은 다 죽었고

⁷ 이스라엘 자손은 생육하고 불어나 번성하고
매우 강하여 온 땅에 가득하게 되었더라

⁸ 요셉을 알지 못하는 새 왕이 일어나 애굽을 다스리더니

⁹그가 그 백성에게 이르되
이 백성 이스라엘 자손이 우리보다 많고 강하도다

¹⁰자, 우리가 그들에게 대하여 지혜롭게 하자
두렵건대 그들이 더 많게 되면 전쟁이 일어날 때에

우리 대적과 합하여 우리와 싸우고
이 땅에서 나갈까 하노라 하고

¹¹감독들을 그들 위에 세우고
그들에게 무거운 짐을 지워 괴롭게 하여

그들에게 바로를 위하여
국고성 비돔과 라암셋을 건축하게 하니라

¹²그러나 학대를 받을수록 더욱 번성하여 퍼져나가니
애굽 사람이 이스라엘 자손으로 말미암아 근심하여

¹³이스라엘 자손에게 일을 엄하게 시켜

¹⁴어려운 노동으로 그들의 생활을 괴롭게 하니
곧 흙 이기기와 벽돌 굽기와 농사의 여러 가지 일이라
그 시키는 일이 모두 엄하였더라

¹⁵애굽 왕이 히브리 산파 십브라라 하는 사람과
부아라 하는 사람에게 말하여

¹⁶이르되 너희는 히브리 여인을 위하여
해산을 도울 때에 그 자리를 살펴서
아들이거든 그를 죽이고 딸이거든 살려두라

¹⁷그러나 산파들이 하나님을 두려워하여
애굽 왕의 명령을 어기고 남자 아기들을 살린지라

¹⁸애굽 왕이 산파를 불러 그들에게 이르되

너희가 어찌하여 이같이 남자 아기들을 살렸느냐

¹⁹ 산파가 바로에게 대답하되
히브리 여인은 애굽 여인과 같지 아니하고 건장하여
산파가 그들에게 이르기 전에 해산하였더이다 하매

²⁰ 하나님이 그 산파들에게 은혜를 베푸시니
그 백성은 번성하고 매우 강해지니라

²¹ 그 산파들은 하나님을 경외하였으므로
하나님이 그들의 집안을 흥왕하게 하신지라

²² 그러므로 바로가 그의 모든 백성에게 명령하여 이르되
아들이 태어나거든 너희는 그를 나일 강에 던지고
딸이거든 살려두라 하였더라

모세가 태어나다

2 ¹ 레위 가족 중 한 사람이 가서
레위 여자에게 장가 들어

² 그 여자가 임신하여 아들을 낳으니
그가 잘 생긴 것을 보고 석 달 동안 그를 숨겼으나

³ 더 숨길 수 없게 되매
그를 위하여 갈대 상자를 가져다가

역청과 나무 진을 칠하고 아기를 거기 담아
나일 강 가 갈대 사이에 두고

⁴ 그의 누이가 어떻게 되는지를 알려고 멀리 섰더니

⁵ 바로의 딸이 목욕하러 나일 강으로 내려오고
시녀들은 나일 강 가를 거닐 때에
그가 갈대 사이의 상자를 보고 시녀를 보내어 가져다가

⁶ 열고 그 아기를 보니 아기가 우는지라
그가 그를 불쌍히 여겨 이르되
이는 히브리 사람의 아기로다

⁷ 그의 누이가 바로의 딸에게 이르되
내가 가서 당신을 위하여

히브리 여인 중에서 유모를 불러다가
이 아기에게 젖을 먹이게 하리이까

⁸ 바로의 딸이 그에게 이르되 가라 하매
그 소녀가 가서 그 아기의 어머니를 불러오니

⁹ 바로의 딸이 그에게 이르되
이 아기를 데려다가 나를 위하여 젖을 먹이라
내가 그 삯을 주리라

여인이 아기를 데려다가 젖을 먹이더니

¹⁰그 아기가 자라매 바로의 딸에게로 데려가니
그가 그의 아들이 되니라

그가 그의 이름을 모세라 하여 이르되
이는 내가 그를 물에서 건져내었음이라 하였더라

모세가 미디안으로 피하다

¹¹모세가 장성한 후에 한번은 자기 형제들에게 나가서
그들이 고되게 노동하는 것을 보더니

어떤 애굽 사람이 한 히브리 사람
곧 자기 형제를 치는 것을 본지라

¹²좌우를 살펴 사람이 없음을 보고
그 애굽 사람을 쳐죽여 모래 속에 감추니라

¹³이튿날 다시 나가니 두 히브리 사람이 서로 싸우는지라
그 잘못한 사람에게 이르되
네가 어찌하여 동포를 치느냐 하매

¹⁴그가 이르되 누가 너를 우리를 다스리는 자와
재판관(裁判官)으로 삼았느냐

네가 애굽 사람을 죽인 것처럼 나도 죽이려느냐
모세가 두려워하여 이르되 일이 탄로되었도다

¹⁵바로가 이 일을 듣고 모세를 죽이고자 하여 찾는지라
모세가 바로의 낯을 피하여 미디안 땅에 머물며
하루는 우물 곁에 앉았더라

¹⁶미디안 제사장에게 일곱 딸이 있었더니
그들이 와서 물을 길어 구유에 채우고

그들의 아버지의 양 떼에게 먹이려 하는데

17 목자들이 와서 그들을 쫓는지라
모세가 일어나 그들을 도와 그 양 떼에게 먹이니라

18 그들이 그들의 아버지 르우엘에게 이를 때에
아버지가 이르되 너희가 오늘은 어찌하여
이같이 속히 돌아오느냐

19 그들이 이르되 한 애굽 사람이
우리를 목자들의 손에서 건져내고
우리를 위하여 물을 길어 양 떼에게 먹였나이다

20 아버지가 딸들에게 이르되 그 사람이 어디에 있느냐
너희가 어찌하여 그 사람을 버려두고 왔느냐
그를 청하여 음식을 대접하라 하였더라

²¹모세가 그와 동거하기를 기뻐하매
그가 그의 딸 십보라를 모세에게 주었더니

²²그가 아들을 낳으매
모세가 그의 이름을 게르솜이라 하여 이르되
내가 타국에서 나그네가 되었음이라 하였더라

²³여러 해 후에 애굽 왕은 죽었고 이스라엘 자손은
고된 노동으로 말미암아 탄식하며 부르짖으니

그 고된 노동으로 말미암아 부르짖는 소리가
하나님께 상달된지라

²⁴하나님이 그들의 고통 소리를 들으시고
하나님이 아브라함과 이삭과 야곱에게 세운
그의 언약을 기억하사

²⁵하나님이 이스라엘 자손(子孫)을 돌보셨고
하나님이 그들을 기억(記憶)하셨더라

여호와께서 모세를 부르시다

3 ¹ 모세가 그의 장인(丈人) 미디안 제사장
이드로의 양 떼를 치더니

그 떼를 광야 서쪽으로 인도하여
하나님의 산 호렙에 이르매

² 여호와의 사자가 떨기나무 가운데로부터 나오는
불꽃 안에서 그에게 나타나시니라

그가 보니 떨기나무에 불이 붙었으나
그 떨기나무가 사라지지 아니하는지라

³ 이에 모세가 이르되

내가 돌이켜 가서 이 큰 광경을 보리라
떨기나무가 어찌하여 타지 아니하는고 하니 그 때에

4 여호와께서 그가 보려고 돌이켜 오는 것을 보신지라
하나님이 떨기나무 가운데서 그를 불러 이르시되
모세야 모세야 하시매 그가 이르되 내가 여기 있나이다

5 하나님이 이르시되 이리로 가까이 오지 말라
네가 선 곳은 거룩한 땅이니 네 발에서 신을 벗으라

6 또 이르시되 나는 네 조상의 하나님이니
아브라함의 하나님, 이삭의 하나님, 야곱의 하나님이니라
모세가 하나님 뵈옵기를 두려워하여 얼굴을 가리매

7 여호와께서 이르시되
내가 애굽에 있는 내 백성의 고통을 분명히 보고

그들이 그들의 감독자로 말미암아
부르짖음을 듣고 그 근심을 알고

8 내가 내려가서 그들을 애굽인의 손에서 건져내고
그들을 그 땅에서 인도하여 아름답고 광대(廣大)한 땅,
젖과 꿀이 흐르는 땅 곧 가나안 족속, 헷 족속,

아모리 족속, 브리스 족속, 히위 족속,
여부스 족속의 지방에 데려가려 하노라

9 이제 가라 이스라엘 자손의 부르짖음이 내게 달하고
애굽 사람이 그들을 괴롭히는 학대(虐待)도 내가 보았으니

10 이제 내가 너를 바로에게 보내어
너에게 내 백성 이스라엘 자손을
애굽에서 인도하여 내게 하리라

11 모세가 하나님께 아뢰되 내가 누구이기에 바로에게 가며
이스라엘 자손을 애굽에서 인도하여 내리이까

12 하나님이 이르시되 내가 반드시 너와 함께 있으리라
네가 그 백성을 애굽에서 인도하여 낸 후에

너희가 이 산에서 하나님을 섬기리니
이것이 내가 너를 보낸 증거니라

13 모세가 하나님께 아뢰되
내가 이스라엘 자손에게 가서 이르기를

너희의 조상의 하나님이 나를 너희에게 보내셨다 하면
그들이 내게 묻기를 그의 이름이 무엇이냐 하리니
내가 무엇이라고 그들에게 말하리이까

14 하나님이 모세에게 이르시되 나는 스스로 있는 자이니라

또 이르시되 너는 이스라엘 자손에게 이같이 이르기를
스스로 있는 자가 나를 너희에게 보내셨다 하라

15 하나님이 또 모세에게 이르시되
너는 이스라엘 자손에게 이같이 이르기를

너희 조상의 하나님 여호와 곧 아브라함의 하나님,
이삭의 하나님, 야곱의 하나님께서

나를 너희에게 보내셨다 하라
이는 나의 영원한 이름이요 대대로 기억할 나의 칭호니라

16 너는 가서 이스라엘의 장로들을 모으고 그들에게 이르기를
여호와 너희 조상의 하나님 곧 아브라함과 이삭과

야곱의 하나님이 내게 나타나 이르시되
내가 너희를 돌보아 너희가 애굽에서 당한 일을

확실(確實)히 보았노라

¹⁷내가 말하였거니와
내가 너희를 애굽의 고난 중에서 인도하여 내어

젖과 꿀이 흐르는 땅 곧 가나안 족속,
헷 족속, 아모리 족속, 브리스 족속, 히위 족속,
여부스 족속의 땅으로 올라가게 하리라 하셨다 하면

¹⁸그들이 네 말을 들으리니
너는 그들의 장로들과 함께 애굽 왕에게 이르기를

히브리 사람의 하나님 여호와께서 우리에게 임하셨은즉
우리가 우리 하나님 여호와께 제사를 드리려 하오니
사흘길쯤 광야로 가도록 허락하소서 하라

¹⁹내가 아노니 강한 손으로 치기 전에는

애굽 왕이 너희가 가도록 허락하지 아니하다가

²⁰내가 내 손을 들어 애굽 중에 여러 가지 이적(異蹟)으로
그 나라를 친 후에야 그가 너희를 보내리라

²¹내가 애굽 사람으로 이 백성에게 은혜를 입히게 할지라
너희가 나갈 때에 빈손으로 가지 아니하리니

²²여인들은 모두 그 이웃 사람과 및 자기 집에 거류하는
여인에게 은 패물과 금 패물과 의복을 구하여

너희의 자녀를 꾸미라
너희는 애굽 사람들의 물품을 취하리라

여호와께서 모세에게 능력을 주시다

4

¹모세가 대답하여 이르되
그러나 그들이 나를 믿지 아니하며

내 말을 듣지 아니하고 이르기를
여호와께서 네게 나타나지 아니하셨다 하리이다

2 여호와께서 그에게 이르시되 네 손에 있는 것이 무엇이냐
그가 이르되 지팡이니이다

3 여호와께서 이르시되 그것을 땅에 던지라 하시매
곧 땅에 던지니 그것이 뱀이 된지라
모세가 뱀 앞에서 피하매

4 여호와께서 모세에게 이르시되
네 손을 내밀어 그 꼬리를 잡으라

그가 손을 내밀어 그것을 잡으니
그의 손에서 지팡이가 된지라

5 이는 그들에게 그들의 조상의 하나님 곧 아브라함의 하나님,

이삭의 하나님, 야곱의 하나님 여호와가
네게 나타난 줄을 믿게 하려 함이라 하시고

6 여호와께서 또 그에게 이르시되
네 손을 품에 넣으라 하시매

그가 손을 품에 넣었다가 내어보니
그의 손에 나병이 생겨 눈 같이 된지라

7 이르시되 네 손을 다시 품에 넣으라 하시매
그가 다시 손을 품에 넣었다가 내어보니
그의 손이 본래(本來)의 살로 되돌아왔더라

8 여호와께서 이르시되 만일 그들이 너를 믿지 아니하며
그 처음 표적의 표징을 받지 아니하여도
나중 표적의 표징(表徵)은 믿으리라

9 그들이 이 두 이적을 믿지 아니하며
네 말을 듣지 아니하거든

너는 나일 강 물을 조금 떠다가 땅에 부으라
네가 떠온 나일 강 물이 땅에서 피가 되리라

10 모세가 여호와께 아뢰되
오 주여 나는 본래 말을 잘 하지 못하는 자니이다

주께서 주의 종에게 명령하신 후에도 역시 그러하니
나는 입이 뻣뻣하고 혀가 둔(鈍)한 자니이다

11 여호와께서 그에게 이르시되
누가 사람의 입을 지었느냐

누가 말 못 하는 자나 못 듣는 자나
눈 밝은 자나 맹인이 되게 하였느냐

나 여호와가 아니냐

¹²이제 가라
내가 네 입과 함께 있어서 할 말을 가르치리라

¹³모세가 이르되 오 주여 보낼 만한 자를 보내소서

¹⁴여호와께서 모세를 향하여 노하여 이르시되
레위 사람 네 형 아론이 있지 아니하냐
그가 말 잘 하는 것을 내가 아노라

그가 너를 만나러 나오나니 그가 너를 볼 때에
그의 마음에 기쁨이 있을 것이라

¹⁵너는 그에게 말하고 그의 입에 할 말을 주라
내가 네 입과 그의 입에 함께 있어서
너희들이 행할 일을 가르치리라

¹⁶그가 너를 대신하여 백성에게 말할 것이니
그는 네 입을 대신할 것이요
너는 그에게 하나님 같이 되리라

¹⁷너는 이 지팡이를 손에 잡고 이것으로 이적을 행할지니라

모세가 애굽으로 돌아가다

¹⁸모세가 그의 장인 이드로에게로 돌아가서 그에게 이르되
내가 애굽에 있는 내 형제들에게로 돌아가서

그들이 아직 살아 있는지 알아보려 하오니 나로 가게 하소서
이드로가 모세에게 평안히 가라 하니라

¹⁹여호와께서 미디안에서 모세에게 이르시되
애굽으로 돌아가라
네 목숨을 노리던 자가 다 죽었느니라

25

²⁰모세가 그의 아내와 아들들을 나귀에 태우고
애굽으로 돌아가는데
모세가 하나님의 지팡이를 손에 잡았더라

²¹여호와께서 모세에게 이르시되 네가 애굽으로 돌아가거든
내가 네 손에 준 이적을 바로 앞에서 다 행하라

그러나 내가 그의 마음을 완악하게 한즉
그가 백성을 보내 주지 아니하리니

²²너는 바로에게 이르기를
여호와의 말씀에 이스라엘은 내 아들 내 장자라

²³내가 네게 이르기를 내 아들을 보내 주어
나를 섬기게 하라 하여도 네가 보내 주기를 거절하니
내가 네 아들 네 장자를 죽이리라 하셨다 하라 하시니라

24 모세가 길을 가다가 숙소에 있을 때에
여호와께서 그를 만나사 그를 죽이려 하신지라

25 십보라가 돌칼을 가져다가 그의 아들의 포피를 베어
그의 발에 갖다 대며 이르되
당신은 참으로 내게 피 남편이로다 하니

26 여호와께서 그를 놓아 주시니라
그 때에 십보라가 피 남편이라 함은 할례 때문이었더라

27 여호와께서 아론에게 이르시되
광야에 가서 모세를 맞으라 하시매
그가 가서 하나님의 산에서 모세를 만나 그에게 입맞추니

28 모세가 여호와께서 자기에게 분부하여 보내신 모든 말씀과
여호와께서 자기에게 명령하신 모든 이적을

아론에게 알리니라

²⁹모세와 아론이 가서
이스라엘 자손의 모든 장로를 모으고

³⁰아론이 여호와께서 모세에게 이르신 모든 말씀을 전하고
그 백성 앞에서 이적을 행하니

³¹백성이 믿으며
여호와께서 이스라엘 자손을 찾으시고

그들의 고난을 살피셨다 함을 듣고
머리 숙여 경배하였더라

모세와 아론이 바로 앞에 서다

5 ¹그 후에 모세와 아론이 바로에게 가서 이르되
이스라엘의 하나님 여호와께서 이렇게 말씀하시기를

내 백성을 보내라 그러면 그들이 광야에서
내 앞에 절기를 지킬 것이니라 하셨나이다

2 바로가 이르되 여호와가 누구이기에
내가 그의 목소리를 듣고 이스라엘을 보내겠느냐
나는 여호와를 알지 못하니 이스라엘을 보내지 아니하리라

3 그들이 이르되
히브리인의 하나님이 우리에게 나타나셨은즉

우리가 광야로 사흘길쯤 가서
우리 하나님 여호와께 제사를 드리려 하오니

가도록 허락하소서
여호와께서 전염병이나 칼로 우리를 치실까 두려워하나이다

4 애굽 왕이 그들에게 이르되 모세와 아론아

너희가 어찌하여 백성의 노역을 쉬게 하려느냐
가서 너희의 노역(奴役)이나 하라

5 바로가 또 이르되 이제 이 땅의 백성이 많아졌거늘
너희가 그들로 노역을 쉬게 하는도다 하고

6 바로가 그 날에 백성의 감독들과 기록원들에게
명령하여 이르되

7 너희는 백성에게 다시는 벽돌에 쓸 짚을
전과 같이 주지 말고
그들이 가서 스스로 짚을 줍게 하라

8 또 그들이 전에 만든 벽돌 수효(數爻)대로
그들에게 만들게 하고 감하지 말라
그들이 게으르므로 소리 질러 이르기를

우리가 가서 우리 하나님께 제사를 드리자 하나니

9 그 사람들의 노동을 무겁게 함으로 수고롭게 하여
그들로 거짓말을 듣지 않게 하라

10 백성의 감독들과 기록원들이 나가서
백성에게 말하여 이르되 바로가 이렇게 말하기를
내가 너희에게 짚을 주지 아니하리니

11 너희는 짚을 찾을 곳으로 가서 주우라
그러나 너희 일은 조금도 감(減)하지 아니하리라 하셨느니라

12 백성이 애굽 온 땅에 흩어져
곡초 그루터기를 거두어다가 짚을 대신하니

13 감독들이 그들을 독촉하여 이르되
너희는 짚이 있을 때와 같이

그 날의 일을 그 날에 마치라 하며

¹⁴바로의 감독들이 자기들이 세운 바
이스라엘 자손의 기록원들을 때리며 이르되

너희가 어찌하여 어제와 오늘에 만드는 벽돌의 수효를
전과 같이 채우지 아니하였느냐 하니라

¹⁵이스라엘 자손의 기록원들이 가서
바로에게 호소(呼訴)하여 이르되
왕은 어찌하여 당신의 종들에게 이같이 하시나이까

¹⁶당신의 종들에게 짚을 주지 아니하고
그들이 우리에게 벽돌을 만들라 하나이다

당신의 종들이 매를 맞사오니
이는 당신의 백성의 죄니이다

¹⁷바로가 이르되 너희가 게으르다 게으르다
그러므로 너희가 이르기를
우리가 가서 여호와께 제사를 드리자 하는도다

¹⁸이제 가서 일하라 짚은 너희에게 주지 않을지라도
벽돌은 너희가 수량(數量)대로 바칠지니라

¹⁹기록(記錄)하는 일을 맡은 이스라엘 자손들이
너희가 매일 만드는 벽돌을 조금도 감하지 못하리라
함을 듣고 화가 몸에 미친 줄 알고

²⁰그들이 바로를 떠나 나올 때에
모세와 아론이 길에 서 있는 것을 보고

²¹그들에게 이르되 너희가 우리를 바로의 눈과
그의 신하의 눈에 미운 것이 되게 하고

그들의 손에 칼을 주어 우리를 죽이게 하는도다
여호와는 너희를 살피시고 판단하시기를 원하노라

모세와 여호와께 아뢰다

²² 모세가 여호와께 돌아와서 아뢰되
주여 어찌하여 이 백성이 학대를 당하게 하셨나이까
어찌하여 나를 보내셨나이까

²³ 내가 바로에게 들어가서 주의 이름으로 말한 후로부터
그가 이 백성을 더 학대하며
주께서도 주의 백성을 구원하지 아니하시나이다

6 ¹ 여호와께서 모세에게 이르시되
이제 내가 바로에게 하는 일을 네가 보리라
강한 손으로 말미암아 바로가 그들을 보내리라

강한 손으로 말미암아 바로가 그들을 그의 땅에서
쫓아내리라

하나님이 모세를 부르시다

2 하나님이 모세에게 말씀하여 이르시되
나는 여호와이니라

3 내가 아브라함과 이삭과 야곱에게
전능(全能)의 하나님으로 나타났으나
나의 이름을 여호와로는 그들에게 알리지 아니하였고

4 가나안 땅 곧 그들이 거류하는 땅을
그들에게 주기로 그들과 언약하였더니

5 이제 애굽 사람이 종으로 삼은
이스라엘 자손의 신음 소리를 내가 듣고

나의 언약(言約)을 기억하노라

6 그러므로 이스라엘 자손에게 말하기를 나는 여호와라
내가 애굽 사람의 무거운 짐 밑에서 너희를 빼내며

그들의 노역에서 너희를 건지며
편 팔과 여러 큰 심판들로써 너희를 속량하여

7 너희를 내 백성으로 삼고 나는 너희의 하나님이 되리니
나는 애굽 사람의 무거운 짐 밑에서 너희를 빼낸
너희의 하나님 여호와인 줄 너희가 알지라

8 내가 아브라함과 이삭과 야곱에게 주기로 맹세한
땅으로 너희를 인도하고

그 땅을 너희에게 주어 기업(基業)을 삼게 하리라
나는 여호와라 하셨다 하라

⁹ 모세가 이와 같이 이스라엘 자손에게 전하나
그들이 마음의 상함과 가혹한 노역으로 말미암아
모세의 말을 듣지 아니하였더라

¹⁰ 여호와께서 모세에게 말씀하여 이르시되

¹¹ 들어가서 애굽 왕 바로에게 말하여
이스라엘 자손을 그 땅에서 내보내게 하라

¹² 모세가 여호와 앞에 아뢰어 이르되
이스라엘 자손도 내 말을 듣지 아니하였거든
바로가 어찌 들으리이까 나는 입이 둔한 자니이다

¹³ 여호와께서 모세와 아론에게 말씀하사
그들로 이스라엘 자손과 애굽 왕 바로에게 명령을 전하고
이스라엘 자손을 애굽 땅에서 인도하여 내게 하시니라

모세와 아론의 조상

¹⁴그들의 조상을 따라 집의 어른은 이러하니라
이스라엘의 장자 르우벤의 아들은 하녹과 발루와
헤스론과 갈미니 이들은 르우벤의 족장이요

¹⁵시므온의 아들들은 여무엘과 야민과 오핫과 야긴과 소할과
가나안 여인의 아들 사울이니 이들은 시므온의 가족이요

¹⁶레위의 아들들의 이름은 그들의 족보(族譜)대로 이러하니
게르손과 고핫과 므라리요 레위의 나이는 백삼십칠 세였으며

¹⁷게르손의 아들들은 그들의 가족대로 립니와 시므이요

¹⁸고핫의 아들들은 아므람과 이스할과 헤브론과 웃시엘이요
고핫의 나이는 백삼십삼 세였으며

¹⁹므라리의 아들들은 마흘리와 무시니

이들은 그들의 족보대로 레위의 족장이요

20 아므람은 그들의 아버지의 누이
요게벳을 아내로 맞이하였고

그는 아론과 모세를 낳았으며
아므람의 나이는 백삼십칠 세였으며

21 이스할의 아들들은 고라와 네벡과 시그리요

22 웃시엘의 아들들은 미사엘과 엘사반과 시드리요

23 아론은 암미나답의 딸 나손의 누이
엘리세바를 아내로 맞이하였고
그는 나답과 아비후와 엘르아살과 이다말을 낳았으며

24 고라의 아들들은 앗실과 엘가나와 아비아삽이니
이들은 고라 사람의 족장이요

25아론의 아들 엘르아살은
부디엘의 딸 중에서 아내를 맞이하였고

그는 비느하스를 낳았으니
이들은 레위 사람의 조상을 따라 가족의 어른들이라

26이스라엘 자손을 그들의 군대(軍隊)대로
애굽 땅에서 인도하라 하신
여호와의 명령을 받은 자는 이 아론과 모세요

27애굽 왕 바로에게 이스라엘 자손을 애굽에서
내보내라 말한 사람도 이 모세와 아론이었더라

여호와께서 모세와 아론에게 명령하시다
28여호와께서 애굽 땅에서 모세에게 말씀하시던 날에

29여호와께서 모세에게 말씀하여 이르시되

나는 여호와라 내가 네게 이르는 바를
너는 애굽 왕 바로에게 다 말하라

30 모세가 여호와 앞에서 아뢰되
나는 입이 둔한 자이오니
바로가 어찌 나의 말을 들으리이까

7 1 여호와께서 모세에게 이르시되 볼지어다
내가 너를 바로에게 신 같이 되게 하였은즉
네 형 아론은 네 대언자가 되리니

2 내가 네게 명령한 바를 너는 네 형 아론에게 말하고
그는 바로에게 말하여 그에게 이스라엘 자손을
그 땅에서 내보내게 할지니라

3 내가 바로의 마음을 완악하게 하고

내 표징과 내 이적을 애굽 땅에서 많이 행할 것이나

4 바로가 너희의 말을 듣지 아니할 터인즉
내가 내 손을 애굽에 뻗쳐 여러 큰 심판을 내리고

내 군대, 내 백성 이스라엘 자손을
그 땅에서 인도하여 낼지라

5 내가 내 손을 애굽 위에 펴서
이스라엘 자손을 그 땅에서 인도하여 낼 때에야
애굽 사람이 나를 여호와인 줄 알리라 하시매

6 모세와 아론이 여호와께서 자기들에게 명령하신 대로
행하였더라

7 그들이 바로에게 말할 때에
모세는 팔십 세였고 아론은 팔십삼 세였더라

뱀이 된 아론의 지팡이

8 여호와께서 모세와 아론에게 말씀하여 이르시되

9 바로가 너희에게 이르기를
너희는 이적을 보이라 하거든 너는 아론에게 말하기를

너의 지팡이를 들어서 바로 앞에 던지라 하라
그것이 뱀이 되리라

10 모세와 아론이 바로에게 가서
여호와께서 명령하신 대로 행하여

아론이 바로와 그의 신하 앞에 지팡이를 던지니
뱀이 된지라

11 바로도 현인(賢人)들과 마술사들을 부르매
그 애굽 요술사들도 그들의 요술로 그와 같이 행하되

¹²각 사람이 지팡이를 던지매 뱀이 되었으나
아론의 지팡이가 그들의 지팡이를 삼키니라

¹³그러나 바로의 마음이 완악하여
그들의 말을 듣지 아니하니 여호와의 말씀과 같더라

첫째 재앙 : 물이 피가 되다

¹⁴여호와께서 모세에게 이르시되
바로의 마음이 완강하여 백성 보내기를 거절하는도다

¹⁵아침에 너는 바로에게로 가라
보라 그가 물 있는 곳으로 나오리니

너는 나일 강 가에 서서 그를 맞으며
그 뱀 되었던 지팡이를 손에 잡고

¹⁶그에게 이르기를 히브리 사람의 하나님 여호와께서

나를 왕에게 보내어 이르시되 내 백성을 보내라
그러면 그들이 광야에서 나를 섬길 것이니라 하였으나
이제까지 네가 듣지 아니하도다

¹⁷여호와가 이같이 이르노니
네가 이로 말미암아 나를 여호와인 줄 알리라

볼지어다 내가 내 손의 지팡이로 나일 강을 치면
그것이 피로 변하고

¹⁸나일 강의 고기가 죽고 그 물에서는 악취가 나리니
애굽 사람들이 그 강 물 마시기를 싫어하리라 하라

¹⁹여호와께서 또 모세에게 이르시되
아론에게 명령하기를 네 지팡이를 잡고
네 팔을 애굽의 물들과 강들과 운하(運河)와 못과

모든 호수 위에 내밀라 하라
그것들이 피가 되리니 애굽 온 땅과 나무 그릇과
돌 그릇 안에 모두 피가 있으리라

20 모세와 아론이 여호와께서 명령하신 대로 행하여
바로와 그의 신하의 목전에서 지팡이를 들어
나일 강을 치니 그 물이 다 피로 변하고

21 나일 강의 고기가 죽고 그 물에서는 악취가 나니
애굽 사람들이 나일 강 물을 마시지 못하며
애굽 온 땅에는 피가 있으나

22 애굽 요술사들도 자기들의 요술로 그와 같이 행하므로
바로의 마음이 완악하여 그들의 말을 듣지 아니하니
여호와의 말씀과 같더라

²³바로가 돌이켜 궁으로 들어가고
그 일에 관심을 가지지도 아니하였고

²⁴애굽 사람들은 나일 강(江) 물을 마실 수 없으므로
나일 강 가를 두루 파서 마실 물을 구하였더라

²⁵여호와께서 나일 강을 치신 후 이레가 지나니라

둘째 재앙 : 개구리가 올라오다

8

¹여호와께서 모세에게 이르시되
너는 바로에게 가서 그에게 이르기를

여호와의 말씀에 내 백성을 보내라
그들이 나를 섬길 것이니라

²네가 만일 보내기를 거절(拒絶)하면
내가 개구리로 너의 온 땅을 치리라

3 개구리가 나일 강에서 무수히 생기고 올라와서
네 궁과 네 침실과 네 침상 위와 네 신하의 집과
네 백성과 네 화덕과 네 떡 반죽 그릇에 들어갈 것이며

4 개구리가 너와 네 백성과 네 모든 신하에게
기어오르리라 하셨다 하라

5 여호와께서 모세에게 이르시되 아론에게 명령하기를
네 지팡이를 잡고 네 팔을 강들과 운하들과 못 위에 펴서
개구리들이 애굽 땅에 올라오게 하라 할지니라

6 아론이 애굽 물들 위에 그의 손을 내밀매
개구리가 올라와서 애굽 땅에 덮이니

7 요술사들도 자기 요술대로 그와 같이 행하여
개구리가 애굽 땅에 올라오게 하였더라

8 바로가 모세와 아론을 불러 이르되
여호와께 구하여 나와 내 백성에게서 개구리를 떠나게 하라

내가 이 백성을 보내리니
그들이 여호와께 제사를 드릴 것이니라

9 모세가 바로에게 이르되
내가 왕과 왕의 신하와 왕의 백성을 위하여

이 개구리를 왕과 왕궁에서 끊어 나일 강에만 있도록
언제 간구하는 것이 좋을는지 내게 분부하소서

10 그가 이르되 내일이니라
모세가 이르되 왕의 말씀대로 하여

왕에게 우리 하나님 여호와와 같은 이가
없는 줄을 알게 하리니

49

¹¹개구리가 왕과 왕궁과 왕의 신하와 왕의 백성을 떠나서
나일 강에만 있으리이다 하고

¹²모세와 아론이 바로를 떠나 나가서 바로에게 내리신
개구리에 대하여 모세가 여호와께 간구하매

¹³여호와께서 모세의 말대로 하시니
개구리가 집과 마당과 밭에서부터 나와서 죽은지라

¹⁴사람들이 모아 무더기로 쌓으니 땅에서 악취가 나더라

¹⁵그러나 바로가 숨을 쉴 수 있게 됨을 보았을 때에
그의 마음을 완강하게 하여

그들의 말을 듣지 아니하였으니
여호와께서 말씀하신 것과 같더라

셋째 재앙 : 티끌이 이가 되다

¹⁶여호와께서 모세에게 이르시되 아론에게 명령하기를
네 지팡이를 들어 땅의 티끌을 치라 하라
그것이 애굽 온 땅에서 이가 되리라

¹⁷그들이 그대로 행할새
아론이 지팡이를 잡고 손을 들어 땅의 티끌을 치매

애굽 온 땅의 티끌이 다 이가 되어
사람과 가축에게 오르니

¹⁸요술사들도 자기 요술로 그같이 행하여
이를 생기게 하려 하였으나 못 하였고
이가 사람과 가축에게 생긴지라

¹⁹요술사가 바로에게 말하되
이는 하나님의 권능이니이다 하였으나

바로의 마음이 완악하게 되어
그들의 말을 듣지 아니하였으니 여호와의 말씀과 같더라

넷째 재앙 : 파리가 가득하다

²⁰여호와께서 모세에게 이르시되
아침에 일찍이 일어나 바로 앞에 서라

그가 물 있는 곳으로 나오리니 그에게 이르기를
여호와께서 이와 같이 말씀하시기를
내 백성을 보내라 그러면 그들이 나를 섬길 것이니라

²¹네가 만일 내 백성을 보내지 아니하면
내가 너와 네 신하와 네 백성과 네 집들에

파리 떼를 보내리니
애굽 사람의 집집에 파리 떼가 가득할 것이며

그들이 사는 땅에도 그러하리라

22 그 날에 나는 내 백성이 거주하는 고센 땅을 구별하여
그 곳에는 파리가 없게 하리니

이로 말미암아 이 땅에서 내가 여호와인 줄을
네가 알게 될 것이라

23 내가 내 백성과 네 백성 사이를 구별하리니
내일 이 표징이 있으리라 하셨다 하라 하시고

24 여호와께서 그와 같이 하시니
무수한 파리가 바로의 궁과 그의 신하의 집과

애굽 온 땅에 이르니
파리로 말미암아 그 땅이 황폐하였더라

25 바로가 모세와 아론을 불러 이르되

너희는 가서 이 땅에서 너희 하나님께 제사를 드리라

26 모세가 이르되 그리함은 부당하니이다
우리가 우리 하나님 여호와께 제사를 드리는 것은
애굽 사람이 싫어하는 바인즉

우리가 만일 애굽 사람의 목전에서 제사를 드리면
그들이 그것을 미워하여 우리를 돌로 치지 아니하리이까

27 우리가 사흘길쯤 광야로 들어가서
우리 하나님 여호와께 제사를 드리되
우리에게 명령하시는 대로 하려 하나이다

28 바로가 이르되 내가 너희를 보내리니
너희가 너희의 하나님 여호와께
광야에서 제사를 드릴 것이나 너무 멀리 가지는 말라

그런즉 너희는 나를 위하여 간구하라

29 모세가 이르되 내가 왕을 떠나가서 여호와께 간구하리니
내일이면 파리 떼가 바로와 바로의 신하와
바로의 백성을 떠나려니와

바로는 이 백성을 보내어 여호와께 제사를 드리는 일에
다시 거짓을 행하지 마소서 하고

30 모세가 바로를 떠나 나와서 여호와께 간구하니

31 여호와께서 모세의 말대로 하시니
그 파리 떼가 바로와 그의 신하와 그의 백성에게서 떠나니
하나도 남지 아니하였더라

32 그러나 바로가 이 때에도 그의 마음을 완강하게 하여
그 백성을 보내지 아니하였더라

다섯째 재앙 : 가축의 죽음

9

¹ 여호와께서 모세에게 이르시되
바로에게 들어가서 그에게 이르라

히브리 사람의 하나님 여호와께서 말씀하시기를
내 백성을 보내라 그들이 나를 섬길 것이니라

² 네가 만일 보내기를 거절하고 억지로 잡아두면

³ 여호와의 손이 들에 있는 네 가축
곧 말과 나귀와 낙타와 소와 양에게 더하리니
심한 돌림병이 있을 것이며

⁴ 여호와가 이스라엘의 가축과 애굽의 가축을 구별하리니
이스라엘 자손에게 속한 것은 하나도 죽지 아니하리라
하셨다 하라 하시고

5 여호와께서 기한을 정하여 이르시되
여호와가 내일 이 땅에서 이 일을 행하리라 하시더니

6 이튿날에 여호와께서 이 일을 행하시니
애굽의 모든 가축(家畜)은 죽었으나
이스라엘 자손의 가축은 하나도 죽지 아니한지라

7 바로가 사람을 보내어 본즉
이스라엘의 가축은 하나도 죽지 아니하였더라

그러나 바로의 마음이 완강하여
백성을 보내지 아니하니라

여섯째 재앙 : 악성 종기가 생기다

8 여호와께서 모세와 아론에게 이르시되
너희는 화덕의 재 두 움큼을 가지고

모세가 바로의 목전에서 하늘을 향하여 날리라

⁹그 재가 애굽 온 땅의 티끌이 되어
애굽 온 땅의 사람과 짐승에게 붙어서
악성 종기가 생기리라

¹⁰그들이 화덕의 재를 가지고 바로 앞에 서서
모세가 하늘을 향하여 날리니
사람과 짐승에게 붙어 악성 종기가 생기고

¹¹요술사들도 악성 종기로 말미암아
모세 앞에 서지 못하니

악성 종기가 요술사들로부터
애굽 모든 사람에게 생겼음이라

¹²그러나 여호와께서 바로의 마음을 완악하게 하셨으므로

그들의 말을 듣지 아니하였으니
여호와께서 모세에게 말씀하심과 같더라

일곱째 재앙 : 우박이 내리다

¹³여호와께서 모세에게 이르시되
아침에 일찍이 일어나 바로 앞에 서서 그에게 이르기를

히브리 사람의 하나님 여호와의 말씀에
내 백성을 보내라 그들이 나를 섬길 것이니라

¹⁴내가 이번에는 모든 재앙을
너와 네 신하와 네 백성에게 내려

온 천하에 나와 같은 자가 없음을
네가 알게 하리라

¹⁵내가 손을 펴서 돌림병으로 너와 네 백성을 쳤더라면

네가 세상에서 끊어졌을 것이나

16 내가 너를 세웠음은 나의 능력을 네게 보이고
내 이름이 온 천하에 전파되게 하려 하였음이니라

17 네가 여전히 내 백성 앞에 교만하여
그들을 보내지 아니하느냐

18 내일 이맘때면 내가 무거운 우박을 내리리니
애굽 나라가 세워진 그 날로부터 지금(至今)까지
그와 같은 일이 없었더라

19 이제 사람을 보내어
네 가축과 네 들에 있는 것을 다 모으라

사람이나 짐승이나 무릇 들에 있어서
집에 돌아오지 않는 것들에게는 우박이 그 위에 내리리니

그것들이 죽으리라 하셨다 하라 하시니라

20 바로의 신하 중에 여호와의 말씀을 두려워하는 자들은
그 종들과 가축을 집으로 피하여 들였으나

21 여호와의 말씀을 마음에 두지 아니하는 사람은
그의 종들과 가축을 들에 그대로 두었더라

22 여호와께서 모세에게 이르시되
너는 하늘을 향하여 손을 들어 애굽 전국에 우박이
애굽 땅의 사람과 짐승과 밭의 모든 채소에 내리게 하라

23 모세가 하늘을 향하여 지팡이를 들매
여호와께서 우렛소리와 우박을 보내시고

불을 내려 땅에 달리게 하시니라
여호와께서 우박을 애굽 땅에 내리시매

24 우박이 내림과 불덩이가 우박에 섞여
내림이 심히 맹렬(猛烈)하니 나라가 생긴 그 때로부터
애굽 온 땅에는 그와 같은 일이 없었더라

25 우박이 애굽 온 땅에서 사람과 짐승을 막론(莫論)하고
밭에 있는 모든 것을 쳤으며

우박이 또 밭의 모든 채소를 치고
들의 모든 나무를 꺾었으되

26 이스라엘 자손들이 있는 그 곳 고센 땅에는
우박이 없었더라

27 바로가 사람을 보내어
모세와 아론을 불러 그들에게 이르되
이번은 내가 범죄하였노라

여호와는 의로우시고 나와 나의 백성은 악하도다

28여호와께 구하여 이 우렛소리와 우박을
그만 그치게 하라

내가 너희를 보내리니
너희가 다시는 머물지 아니하리라

29모세가 그에게 이르되 내가 성에서 나가서
곧 내 손을 여호와를 향하여 펴리니

그리하면 우렛소리가 그치고
우박이 다시 있지 아니할지라
세상이 여호와께 속한 줄을 왕이 알리이다

30그러나 왕과 왕의 신하들이 여호와 하나님을
아직도 두려워하지 아니할 줄을 내가 아나이다

³¹그 때에 보리는 이삭이 나왔고 삼은 꽃이 피었으므로
삼과 보리가 상하였으나

³²그러나 밀과 쌀보리는 자라지 아니한 고로
상하지 아니하였더라

³³모세가 바로를 떠나 성에서 나가
여호와를 향하여 손을 펴매
우렛소리와 우박이 그치고 비가 땅에 내리지 아니하니라

³⁴바로가 비와 우박과 우렛소리가 그친 것을 보고
다시 범죄하여 마음을 완악하게 하니
그와 그의 신하가 꼭 같더라

³⁵바로의 마음이 완악(完惡)하여
이스라엘 자손을 내보내지 아니하였으니

여호와께서 모세에게 말씀하심과 같더라

여덟째 재앙 : 메뚜기가 땅을 덮다

10

1 여호와께서 모세에게 이르시되
바로에게로 들어가라

내가 그의 마음과 그의 신하들의 마음을 완강하게 함은
나의 표징을 그들 중에 보이기 위함이며

2 네게 내가 애굽에서 행한 일들
곧 내가 그들 가운데에서 행한 표징을

네 아들과 네 자손의 귀에 전하기 위함이라
너희는 내가 여호와인 줄을 알리라

3 모세와 아론이 바로에게 들어가서 그에게 이르되
히브리 사람의 하나님 여호와께서 말씀하시기를

네가 어느 때까지 내 앞에 겸비(謙卑)하지 아니하겠느냐
내 백성을 보내라 그들이 나를 섬길 것이라

⁴네가 만일 내 백성 보내기를 거절하면
내일 내가 메뚜기를 네 경내(境內)에 들어가게 하리니

⁵메뚜기가 지면을 덮어서 사람이 땅을 볼 수 없을 것이라
메뚜기가 네게 남은 그것

곧 우박을 면하고 남은 것을 먹으며
너희를 위하여 들에서 자라나는 모든 나무를 먹을 것이며

⁶또 네 집들과 네 모든 신하의 집들과
모든 애굽 사람의 집들에 가득하리니

이는 네 아버지와 네 조상이 이 땅에 있었던
그 날로부터 오늘까지 보지 못하였던 것이리라

하셨다 하고 돌이켜 바로에게서 나오니

7 바로의 신하들이 그에게 말하되
어느 때까지 이 사람이 우리의 함정이 되리이까

그 사람들을 보내어 그들의 하나님 여호와를 섬기게 하소서
왕은 아직도 애굽이 망한 줄을 알지 못하시나이까 하고

8 모세와 아론을 바로에게로 다시 데려오니
바로가 그들에게 이르되

가서 너희의 하나님 여호와를 섬기라
갈 자는 누구 누구냐

9 모세가 이르되 우리가 여호와 앞에 절기를 지킬 것인즉
우리가 남녀 노소와 양과 소를 데리고 가겠나이다

10 바로가 그들에게 이르되

내가 너희와 너희의 어린 아이들을 보내면
여호와가 너희와 함께 함과 같으니라
보라 그것이 너희에게는 나쁜 것이니라

¹¹그렇게 하지 말고
너희 장정(壯丁)만 가서 여호와를 섬기라

이것이 너희가 구하는 바니라
이에 그들이 바로 앞에서 쫓겨나니라

¹²여호와께서 모세에게 이르시되
애굽 땅 위에 네 손을 내밀어

메뚜기를 애굽 땅에 올라오게 하여
우박에 상하지 아니한 밭의 모든 채소를 먹게 하라

¹³모세가 애굽 땅 위에 그 지팡이를 들매

여호와께서 동풍을 일으켜 온 낮과 온 밤에 불게 하시니
아침이 되매 동풍이 메뚜기를 불어 들인지라

¹⁴메뚜기가 애굽 온 땅에 이르러
그 사방에 내리매 그 피해가 심하니
이런 메뚜기는 전에도 없었고 후에도 없을 것이라

¹⁵메뚜기가 온 땅을 덮어 땅이 어둡게 되었으며
메뚜기가 우박(雨雹)에 상하지 아니한
밭의 채소와 나무 열매를 다 먹었으므로

애굽 온 땅에서 나무나 밭의 채소나
푸른 것은 남지 아니하였더라

¹⁶바로가 모세와 아론을 급히 불러 이르되
내가 너희의 하나님 여호와와 너희에게 죄를 지었으니

¹⁷바라건대 이번만 나의 죄를 용서하고
너희의 하나님 여호와께 구하여
이 죽음만은 내게서 떠나게 하라

¹⁸그가 바로에게서 나가서 여호와께 구하매

¹⁹여호와께서 돌이켜 강렬한 서풍을 불게 하사
메뚜기를 홍해에 몰아넣으시니
애굽 온 땅에 메뚜기가 하나도 남지 아니하니라

²⁰그러나 여호와께서 바로의 마음을 완악하게 하셨으므로
이스라엘 자손을 보내지 아니하였더라

아홉째 재앙 : 흑암이 땅에 있다

²¹여호와께서 모세에게 이르시되
하늘을 향하여 네 손을 내밀어

애굽 땅 위에 흑암이 있게 하라
곧 더듬을 만한 흑암이리라

22 모세가 하늘을 향하여 손을 내밀매
캄캄한 흑암이 삼 일 동안 애굽 온 땅에 있어서

23 그 동안은 사람들이 서로 볼 수 없으며
자기 처소에서 일어나는 자가 없으되
온 이스라엘 자손들이 거주하는 곳에는 빛이 있었더라

24 바로가 모세를 불러서 이르되
너희는 가서 여호와를 섬기되

너희의 양과 소는 머물러 두고
너희 어린 것들은 너희와 함께 갈지니라

25 모세가 이르되 왕이라도 우리 하나님 여호와께 드릴

제사와 번제물을 우리에게 주어야 하겠고

26 우리의 가축도 우리와 함께 가고
한 마리도 남길 수 없으니

이는 우리가 그 중에서 가져다가
우리 하나님 여호와를 섬길 것임이며

또 우리가 거기에 이르기까지는
어떤 것으로 여호와를 섬길는지 알지 못함이니이다 하나

27 여호와께서 바로의 마음을 완악하게 하셨으므로
그들 보내기를 기뻐하지 아니하고

28 바로가 모세에게 이르되 너는 나를 떠나가고
스스로 삼가 다시 내 얼굴을 보지 말라
네가 내 얼굴을 보는 날에는 죽으리라

²⁹ 모세가 이르되 당신이 말씀하신 대로
내가 다시는 당신의 얼굴을 보지 아니하리이다

처음 난 것의 죽음을 경고하다

11 ¹ 여호와께서 모세에게 이르시기를
내가 이제 한 가지 재앙을

바로와 애굽에 내린 후에야 그가 너희를 여기서 내보내리라
그가 너희를 내보낼 때에는 여기서 반드시 다 쫓아내리니

² 백성에게 말하여 사람들에게 각기 이웃들에게
은금 패물을 구하게 하라 하시더니

³ 여호와께서 그 백성으로 애굽 사람의 은혜를 받게 하셨고
또 그 사람 모세는 애굽 땅에 있는
바로의 신하와 백성의 눈에 아주 위대하게 보였더라

⁴ 모세가 바로에게 이르되
여호와께서 이와 같이 말씀하시기를
밤중에 내가 애굽 가운데로 들어가리니

⁵ 애굽 땅에 있는 모든 처음 난 것은
왕위에 앉아 있는 바로의 장자로부터

맷돌 뒤에 있는 몸종의 장자와
모든 가축의 처음 난 것까지 죽으리니

⁶ 애굽 온 땅에 전무후무(前無後無)한
큰 부르짖음이 있으리라

⁷ 그러나 이스라엘 자손에게는 사람에게나 짐승에게나
개 한 마리도 그 혀를 움직이지 아니하리니
여호와께서 애굽 사람과 이스라엘 사이를 구별하는 줄을

너희가 알리라 하셨나니

8 왕의 이 모든 신하가 내게 내려와 내게 절하며 이르기를
너와 너를 따르는 온 백성은 나가라 한 후에야
내가 나가리라 하고 심히 노하여 바로에게서 나오니라

9 여호와께서 모세에게 이르시기를
바로가 너희의 말을 듣지 아니하리라
그러므로 내가 애굽 땅에서 나의 기적을 더하리라 하셨고

10 모세와 아론이 이 모든 기적을 바로 앞에서 행하였으나
여호와께서 바로의 마음을 완악하게 하셨으므로
그가 이스라엘 자손을 그 나라에서 보내지 아니하였더라

유월절

12 1 여호와께서 애굽 땅에서

모세와 아론에게 일러 말씀하시되

2 이 달을 너희에게 달의 시작 곧 해의 첫 달이 되게 하고

3 너희는 이스라엘 온 회중에게 말하여 이르라
이 달 열흘에 너희 각자(各自)가 어린 양을 취할지니
각 가족대로 그 식구를 위하여 어린 양을 취하되

4 그 어린 양에 대하여 식구가 너무 적으면
그 집의 이웃과 함께 사람 수를 따라서 하나를 취하며

각 사람이 먹을 수 있는 분량에 따라서
너희 어린 양을 계산할 것이며

5 너희 어린 양은 흠 없고 일 년 된 수컷으로 하되
양이나 염소 중에서 취하고

6 이 달 열나흗날까지 간직하였다가

해 질 때에 이스라엘 회중이 그 양을 잡고

7 그 피를 양을 먹을 집 좌우 문설주와 인방에 바르고

8 그 밤에 그 고기를 불에 구워
무교병과 쓴 나물과 아울러 먹되

9 날것으로나 물에 삶아서 먹지 말고
머리와 다리와 내장을 다 불에 구워 먹고

10 아침까지 남겨두지 말며
아침까지 남은 것은 곧 불사르라

11 너희는 그것을 이렇게 먹을지니
허리에 띠를 띠고 발에 신을 신고 손에 지팡이를 잡고
급히 먹으라 이것이 여호와의 유월절이니라

12 내가 그 밤에 애굽 땅에 두루 다니며

사람이나 짐승을 막론하고
애굽 땅에 있는 모든 처음 난 것을 다 치고
애굽의 모든 신을 내가 심판하리라 나는 여호와라

13 내가 애굽 땅을 칠 때에
그 피가 너희가 사는 집에 있어서
너희를 위하여 표적(表蹟)이 될지라

내가 피를 볼 때에 너희를 넘어가리니
재앙이 너희에게 내려 멸하지 아니하리라

14 너희는 이 날을 기념하여 여호와의 절기(節期)를 삼아
영원한 규례로 대대로 지킬지니라

무교절
15 너희는 이레 동안 무교병을 먹을지니

그 첫날에 누룩을 너희 집에서 제하라
무릇 첫날부터 일곱째 날까지 유교병을 먹는 자는
이스라엘에서 끊어지리라

16 너희에게 첫날에도 성회요 일곱째 날에도 성회가 되리니
너희는 이 두 날에는 아무 일도 하지 말고
각자의 먹을 것만 갖출 것이니라

17 너희는 무교절을 지키라 이 날에 내가 너희 군대를
애굽 땅에서 인도하여 내었음이니라

그러므로 너희가 영원한 규례(規例)로 삼아
대대로 이 날을 지킬지니라

18 첫째 달 그 달 열나흘날 저녁부터
이십일일 저녁까지 너희는 무교병을 먹을 것이요

¹⁹이레 동안은 누룩이 너희 집에서
발견되지 아니하도록 하라

무릇 유교물을 먹는 자는
타국인이든지 본국에서 난 자든지를 막론하고
이스라엘 회중에서 끊어지리니

²⁰너희는 아무 유교물이든지 먹지 말고
너희 모든 유하는 곳에서 무교병을 먹을지니라

첫 유월절

²¹모세가 이스라엘 모든 장로를 불러서 그들에게 이르되
너희는 나가서 너희의 가족대로 어린 양을 택하여
유월절 양으로 잡고

²²우슬초(牛膝草) 묶음을 가져다가

그릇에 담은 피에 적셔서
그 피를 문 인방과 좌우 설주에 뿌리고
아침까지 한 사람도 자기 집 문 밖에 나가지 말라

²³여호와께서 애굽 사람들에게 재앙을 내리려고
지나가실 때에 문 인방과 좌우 문설주의 피를 보시면

여호와께서 그 문을 넘으시고 멸하는 자에게
너희 집에 들어가서 너희를 치지 못하게 하실 것임이니라

²⁴너희는 이 일을 규례로 삼아
너희와 너희 자손이 영원히 지킬 것이니

²⁵너희는 여호와께서 허락하신 대로
너희에게 주시는 땅에 이를 때에 이 예식을 지킬 것이라

²⁶이 후에 너희의 자녀가 묻기를

이 예식이 무슨 뜻이냐 하거든

²⁷너희는 이르기를 이는 여호와의 유월절 제사라
여호와께서 애굽 사람에게 재앙을 내리실 때에

애굽에 있는 이스라엘 자손의 집을 넘으사
우리의 집을 구원하셨느니라 하라 하매
백성이 머리 숙여 경배하니라

²⁸이스라엘 자손이 물러가서 그대로 행하되
여호와께서 모세와 아론에게 명령하신 대로 행하니라

열째 재앙 : 처음 난 것들의 죽음
²⁹밤중에 여호와께서 애굽 땅에서 모든 처음 난 것
곧 왕위에 앉은 바로의 장자로부터
옥에 갇힌 사람의 장자까지와

가축의 처음 난 것을 다 치시매

30 그 밤에 바로와 그 모든 신하와 모든 애굽 사람이 일어나고
애굽에 큰 부르짖음이 있었으니

이는 그 나라에 죽임을 당하지 아니한 집이
하나도 없었음이었더라

31 밤에 바로가 모세와 아론을 불러서 이르되
너희와 이스라엘 자손은 일어나 내 백성 가운데에서 떠나
너희의 말대로 가서 여호와를 섬기며

32 너희가 말한 대로 너희 양과 너희 소도 몰아가고
나를 위하여 축복하라 하며

33 애굽 사람들은 말하기를
우리가 다 죽은 자가 되도다 하고 그 백성을 재촉하여

그 땅에서 속히 내보내려 하므로

34그 백성이 발교되지 못한 반죽 담은 그릇을
옷에 싸서 어깨에 메니라

35이스라엘 자손이 모세의 말대로 하여
애굽 사람에게 은금 패물과 의복을 구하매

36여호와께서 애굽 사람들에게
이스라엘 백성에게 은혜를 입히게 하사

그들이 구하는 대로 주게 하시므로
그들이 애굽 사람의 물품을 취하였더라

이스라엘이 애굽 땅에서 나오다

37이스라엘 자손이 라암셋을 떠나서 숙곳에 이르니
유아(幼兒) 외에 보행하는 장정이 육십만 가량이요

38 수많은 잡족과 양과 소와 심히 많은 가축이
그들과 함께 하였으며

39 그들이 애굽으로부터 가지고 나온
발교되지 못한 반죽으로 무교병을 구웠으니

이는 그들이 애굽에서 쫓겨나므로 지체할 수 없었음이며
아무 양식도 준비하지 못하였음이었더라

40 이스라엘 자손이 애굽에 거주한 지 사백삼십 년이라

41 사백삼십 년이 끝나는 그 날에
여호와의 군대가 다 애굽 땅에서 나왔은즉

42 이 밤은 그들을 애굽 땅에서 인도하여 내심으로 말미암아
여호와 앞에 지킬 것이니 이는 여호와의 밤이라
이스라엘 자손이 다 대대로 지킬 것이니라

유월절 규례

⁴³여호와께서 모세와 아론에게 이르시되
유월절 규례는 이러하니라
이방 사람은 먹지 못할 것이나

⁴⁴각 사람이 돈으로 산 종은
할례를 받은 후에 먹을 것이며

⁴⁵거류인(居留人)과 타국 품꾼은 먹지 못하리라

⁴⁶한 집에서 먹되 그 고기를 조금도 집 밖으로 내지 말고
뼈도 꺾지 말지며

⁴⁷이스라엘 회중이 다 이것을 지킬지니라

⁴⁸너희와 함께 거류하는 타국인이
여호와의 유월절을 지키고자 하거든

그 모든 남자는 할례를 받은 후에야
가까이 하여 지킬지니

곧 그는 본토인과 같이 될 것이나
할례 받지 못한 자는 먹지 못할 것이니라

⁴⁹본토인에게나 너희 중에 거류하는 이방인에게
이 법이 동일하니라 하셨으므로

⁵⁰온 이스라엘 자손이 이와 같이 행하되
여호와께서 모세와 아론에게 명령하신 대로 행하였으며

⁵¹바로 그 날에 여호와께서 이스라엘 자손을
그 무리대로 애굽 땅에서 인도하여 내셨더라

무교절

13 ¹여호와께서 모세에게 일러 이르시되

2 이스라엘 자손 중에서 사람이나 짐승을 막론하고
태에서 처음 난 모든 것은 다 거룩히 구별하여
내게 돌리라 이는 내 것이니라 하시니라

3 모세가 백성에게 이르되
너희는 애굽 곧 종 되었던 집에서 나온
그 날을 기념하여 유교병을 먹지 말라

여호와께서 그 손의 권능으로
너희를 그 곳에서 인도해 내셨음이니라

4 아빕월 이 날에 너희가 나왔으니

5 여호와께서 너를 인도하여 가나안 사람과
헷 사람과 아모리 사람과 히위 사람과 여부스 사람의 땅
곧 네게 주시려고 네 조상들에게 맹세하신 바

젖과 꿀이 흐르는 땅에 이르게 하시거든
너는 이 달에 이 예식을 지켜

6 이레 동안 무교병을 먹고
일곱째 날에는 여호와께 절기를 지키라

7 이레 동안에는 무교병을 먹고
유교병을 네게 보이지 아니하게 하며
네 땅에서 누룩을 네게 보이지 아니하게 하라

8 너는 그 날에 네 아들에게 보여 이르기를
이 예식은 내가 애굽에서 나올 때에
여호와께서 나를 위하여 행하신 일로 말미암음이라 하고

9 이것으로 네 손의 기호(記號)와 네 미간(眉間)의 표를 삼고
여호와의 율법이 네 입에 있게 하라

이는 여호와께서 강하신 손으로
너를 애굽에서 인도하여 내셨음이니

¹⁰해마다 절기가 되면 이 규례를 지킬지니라

태에서 처음 난 것

¹¹여호와께서 너와 네 조상에게 맹세하신 대로
너를 가나안 사람의 땅에 인도하시고
그 땅을 네게 주시거든

¹²너는 태(胎)에서 처음 난 모든 것과
네게 있는 가축의 태에서 처음 난 것을 다 구별(區別)하여
여호와께 돌리라 수컷은 여호와의 것이니라

¹³나귀의 첫 새끼는 다 어린 양으로 대속(代贖)할 것이요
그렇게 하지 아니하려면 그 목을 꺾을 것이며

네 아들 중 처음 난 모든 자는 대속할지니라

14 후일에 네 아들이 네게 묻기를
이것이 어찌 됨이냐 하거든

너는 그에게 이르기를
여호와께서 그 손의 권능으로 우리를 애굽에서
곧 종이 되었던 집에서 인도하여 내실새

15 그 때에 바로가 완악하여 우리를 보내지 아니하매
여호와께서 애굽 나라 가운데 처음 난 모든 것은

사람의 장자로부터 가축의 처음 난 것까지 다 죽이셨으므로
태에서 처음 난 모든 수컷들은

내가 여호와께 제사를 드려서
내 아들 중에 모든 처음 난 자를 다 대속하리니

16 이것이 네 손의 기호와 네 미간의 표가 되리라
이는 여호와께서 그 손의 권능으로
우리를 애굽에서 인도하여 내셨음이니라 할지니라

구름 기둥과 불 기둥

17 바로가 백성을 보낸 후에
블레셋 사람의 땅의 길은 가까울지라도

하나님이 그들을 그 길로 인도하지 아니하셨으니
이는 하나님이 말씀하시기를

이 백성이 전쟁을 하게 되면
마음을 돌이켜 애굽으로 돌아갈까 하셨음이라

18 그러므로 하나님이 홍해의 광야 길로 돌려
백성을 인도하시매

이스라엘 자손이 애굽 땅에서 대열을 지어 나올 때에

¹⁹모세가 요셉의 유골을 가졌으니
이는 요셉이 이스라엘 자손으로 단단히 맹세하게 하여

이르기를 하나님이 반드시 너희를 찾아오시리니
너희는 내 유골을 여기서 가지고 나가라 하였음이더라

²⁰그들이 숙곳을 떠나서 광야 끝 에담에 장막을 치니

²¹여호와께서 그들 앞에서 가시며
낮에는 구름 기둥으로 그들의 길을 인도하시고

밤에는 불 기둥을 그들에게 비추사
낮이나 밤이나 진행하게 하시니

²²낮에는 구름 기둥, 밤에는 불 기둥이
백성 앞에서 떠나지 아니하니라

홍해를 건너다

14 ¹ 여호와께서 모세에게 말씀하여 이르시되

² 이스라엘 자손에게 명령하여 돌이켜
바다와 믹돌 사이의 비하히롯 앞 곧 바알스본 맞은편
바닷가에 장막을 치게 하라

³ 바로가 이스라엘 자손에 대하여 말하기를
그들이 그 땅에서 멀리 떠나
광야에 갇힌 바 되었다 하리라

⁴ 내가 바로의 마음을 완악하게 한즉
바로가 그들의 뒤를 따르리니

내가 그와 그의 온 군대로 말미암아 영광을 얻어
애굽 사람들이 나를 여호와인 줄 알게 하리라 하시매

무리가 그대로 행하니라

5 그 백성이 도망한 사실이 애굽 왕에게 알려지매
바로와 그의 신하들이 그 백성에 대하여 마음이 변하여

이르되 우리가 어찌 이같이 하여
이스라엘을 우리를 섬김에서 놓아 보내었는가 하고

6 바로가 곧 그의 병거를 갖추고 그의 백성을 데리고 갈새

7 선발(選拔)된 병거 육백 대와 애굽의 모든 병거를 동원하니
지휘관들이 다 거느렸더라

8 여호와께서 애굽 왕 바로의 마음을 완악하게 하셨으므로
그가 이스라엘 자손의 뒤를 따르니
이스라엘 자손이 담대히 나갔음이라

9 애굽 사람들과 바로의 말들, 병거들과

그 마병과 그 군대가 그들의 뒤를 따라
바알스본 맞은편 비하히롯 곁 해변
그들이 장막 친 데에 미치니라

¹⁰바로가 가까이 올 때에 이스라엘 자손이 눈을 들어 본즉
애굽 사람들이 자기들 뒤에 이른지라
이스라엘 자손이 심히 두려워하여 여호와께 부르짖고

¹¹그들이 또 모세에게 이르되
애굽에 매장지가 없어서 당신이 우리를 이끌어 내어
이 광야에서 죽게 하느냐

어찌하여 당신이 우리를 애굽에서 이끌어 내어
우리에게 이같이 하느냐

¹²우리가 애굽에서 당신에게 이른 말이 이것이 아니냐

이르기를 우리를 내버려 두라

우리가 애굽 사람을 섬길 것이라 하지 아니하더냐

애굽 사람을 섬기는 것이 광야에서 죽는 것보다 낫겠노라

13 모세가 백성에게 이르되

너희는 두려워하지 말고 가만히 서서

여호와께서 오늘 너희를 위하여 행하시는 구원을 보라

너희가 오늘 본 애굽 사람을 영원히 다시 보지 아니하리라

14 여호와께서 너희를 위하여 싸우시리니

너희는 가만히 있을지니라

15 여호와께서 모세에게 이르시되

너는 어찌하여 내게 부르짖느냐

이스라엘 자손(子孫)에게 명령하여 앞으로 나아가게 하고

¹⁶지팡이를 들고 손을 바다 위로 내밀어
그것이 갈라지게 하라
이스라엘 자손이 바다 가운데서 마른 땅으로 행하리라

¹⁷내가 애굽 사람들의 마음을 완악하게 할 것인즉
그들이 그 뒤를 따라 들어갈 것이라

내가 바로와 그의 모든 군대와
그의 병거와 마병으로 말미암아 영광을 얻으리니

¹⁸내가 바로와 그의 병거와 마병(馬兵)으로 말미암아
영광을 얻을 때에야 애굽 사람들이
나를 여호와인 줄 알리라 하시더니

¹⁹이스라엘 진 앞에 가던 하나님의 사자가
그들의 뒤로 옮겨 가매

구름 기둥도 앞에서 그 뒤로 옮겨

20 애굽 진과 이스라엘 진 사이에 이르러 서니
저쪽에는 구름과 흑암(黑暗)이 있고

이쪽에는 밤이 밝으므로
밤새도록 저쪽이 이쪽에 가까이 못하였더라

21 모세가 바다 위로 손을 내밀매
여호와께서 큰 동풍이 밤새도록 바닷물을 물러가게 하시니
물이 갈라져 바다가 마른 땅이 된지라

22 이스라엘 자손이 바다 가운데를 육지로 걸어가고
물은 그들의 좌우에 벽이 되니

23 애굽 사람들과 바로의 말들, 병거들과 그 마병들이
다 그들의 뒤를 추격하여 바다 가운데로 들어오는지라

²⁴새벽에 여호와께서 불과 구름 기둥 가운데서
애굽 군대를 보시고 애굽 군대를 어지럽게 하시며

²⁵그들의 병거 바퀴를 벗겨서 달리기가 어렵게 하시니
애굽 사람들이 이르되 이스라엘 앞에서 우리가 도망하자
여호와가 그들을 위하여 싸워 애굽 사람들을 치는도다

²⁶여호와께서 모세에게 이르시되 네 손을 바다 위로 내밀어
물이 애굽 사람들과 그들의 병거들과 마병들 위에
다시 흐르게 하라 하시니

²⁷모세가 곧 손을 바다 위로 내밀매
새벽이 되어 바다의 힘이 회복된지라

애굽 사람들이 물을 거슬러 도망하나
여호와께서 애굽 사람들을 바다 가운데 엎으시니

²⁸물이 다시 흘러 병거들과 기병들을 덮되
그들의 뒤를 따라 바다에 들어간 바로의 군대를 다 덮으니
하나도 남지 아니하였더라

²⁹그러나 이스라엘 자손은 바다 가운데를 육지로 행하였고
물이 좌우에 벽이 되었더라

³⁰그 날에 여호와께서 이같이 이스라엘을
애굽 사람의 손에서 구원하시매 이스라엘이 바닷가에서
애굽 사람들이 죽어 있는 것을 보았더라

³¹이스라엘이 여호와께서 애굽 사람들에게 행하신
그 큰 능력을 보았으므로 백성이 여호와를 경외하며
여호와와 그의 종 모세를 믿었더라

모세의 노래

15

¹ 이 때에 모세와 이스라엘 자손이
이 노래로 여호와께 노래하니 일렀으되

내가 여호와를 찬송하리니 그는 높고 영화로우심이요
말과 그 탄 자를 바다에 던지셨음이로다

² 여호와는 나의 힘이요 노래시며 나의 구원이시로다
그는 나의 하나님이시니 내가 그를 찬송할 것이요
내 아버지의 하나님이시니 내가 그를 높이리로다

³ 여호와는 용사시니 여호와는 그의 이름이시로다

⁴ 그가 바로의 병거와 그의 군대를 바다에 던지시니
최고의 지휘관들이 홍해에 잠겼고

⁵ 깊은 물이 그들을 덮으니
그들이 돌처럼 깊음 속에 가라앉았도다

⁶ 여호와여 주의 오른손이 권능으로 영광을 나타내시니이다
여호와여 주의 오른손이 원수를 부수시니이다

⁷ 주께서 주의 큰 위엄으로
주를 거스르는 자를 엎으시니이다

주께서 진노를 발하시니
그 진노가 그들을 지푸라기 같이 사르니이다

⁸ 주의 콧김에 물이 쌓이되 파도가 언덕 같이 일어서고
큰 물이 바다 가운데 엉기니이다

⁹ 원수가 말하기를 내가 뒤쫓아 따라잡아 탈취물을 나누리라,
내가 그들로 말미암아 내 욕망을 채우리라,
내가 내 칼을 빼리니 내 손이 그들을 멸하리라 하였으나

¹⁰ 주께서 바람을 일으키시매 바다가 그들을 덮으니

그들이 거센 물에 납 같이 잠겼나이다

11 여호와여 신 중에 주와 같은 자가 누구니이까
주와 같이 거룩함으로 영광스러우며

찬송할 만한 위엄이 있으며
기이한 일을 행하는 자가 누구니이까

12 주께서 오른손을 드신즉 땅이 그들을 삼켰나이다

13 주의 인자하심으로 주께서 구속하신 백성을 인도하시되
주의 힘으로 그들을 주의 거룩한 처소에
들어가게 하시나이다

14 여러 나라가 듣고 떨며
블레셋 주민이 두려움에 잡히며

15 에돔 두령들이 놀라고 모압 영웅이 떨림에 잡히며

가나안 주민이 다 낙담하나이다

16놀람과 두려움이 그들에게 임하매
주의 팔이 크므로 그들이 돌 같이 침묵하였사오니

여호와여 주의 백성이 통과하기까지
곧 주께서 사신 백성이 통과하기까지였나이다

17주께서 백성을 인도하사
그들을 주의 기업의 산에 심으시리이다

여호와여 이는 주의 처소를 삼으시려고 예비하신 것이라
주여 이것이 주의 손으로 세우신 성소로소이다

18여호와께서 영원무궁 하도록 다스리시도다 하였더라

미리암의 노래

19바로의 말과 병거와 마병이 함께 바다에 들어가매

여호와께서 바닷물을 그들 위에 되돌려 흐르게 하셨으나
이스라엘 자손은 바다 가운데서 마른 땅으로 지나간지라

²⁰아론의 누이 선지자 미리암이 손에 소고를 잡으매
모든 여인도 그를 따라 나오며 소고(小鼓)를 잡고 춤추니

²¹미리암이 그들에게 화답하여 이르되
너희는 여호와를 찬송하리 그는 높고 영화로우심이요
말과 그 탄 자를 바다에 던지셨음이로다 하였더라

단 물로 변한 마라의 쓴 물

²²모세가 홍해에서 이스라엘을 인도하매
그들이 나와서 수르 광야로 들어가서
거기서 사흘길을 걸었으나 물을 얻지 못하고

²³마라에 이르렀더니 그 곳 물이 써서 마시지 못하겠으므로

그 이름을 마라라 하였더라

²⁴백성이 모세에게 원망하여 이르되
우리가 무엇을 마실까 하매

²⁵모세가 여호와께 부르짖었더니
여호와께서 그에게 한 나무를 가리키시니
그가 물에 던지니 물이 달게 되었더라

거기서 여호와께서 그들을 위하여
법도와 율례를 정하시고 그들을 시험하실새

²⁶이르시되 너희가 너희 하나님
나 여호와의 말을 들어 순종하고

내가 보기에 의를 행하며 내 계명에 귀를 기울이며
내 모든 규례를 지키면

내가 애굽 사람에게 내린 모든 질병 중 하나도
너희에게 내리지 아니하리니
나는 너희를 치료하는 여호와임이라

²⁷ 그들이 엘림에 이르니
거기에 물 샘 열둘과 종려나무 일흔 그루가 있는지라
거기서 그들이 그 물 곁에 장막을 치니라

만나와 메추라기

16 ¹ 이스라엘 자손의 온 회중이 엘림에서 떠나
엘림과 시내 산 사이에 있는 신 광야에 이르니
애굽에서 나온 후 둘째 달 십오일이라

² 이스라엘 자손 온 회중이 그 광야에서
모세와 아론을 원망하여

³ 이스라엘 자손이 그들에게 이르되
우리가 애굽 땅에서 고기 가마 곁에 앉아 있던 때와

떡을 배불리 먹던 때에
여호와의 손에 죽었더라면 좋았을 것을

너희가 이 광야로 우리를 인도해 내어
이 온 회중이 주려 죽게 하는도다

⁴ 그 때에 여호와께서 모세에게 이르시되
보라 내가 너희를 위하여

하늘에서 양식을 비 같이 내리리니
백성이 나가서 일용할 것을 날마다 거둘 것이라

이같이 하여 그들이 내 율법을 준행하나 아니하나
내가 시험하리라

5 여섯째 날에는 그들이 그 거둔 것을 준비할지니
날마다 거두던 것의 갑절이 되리라

6 모세와 아론이 온 이스라엘 자손에게 이르되
저녁이 되면 너희가 여호와께서 너희를
애굽 땅에서 인도하여 내셨음을 알 것이요

7 아침에는 너희가 여호와의 영광을 보리니
이는 여호와께서 너희가 자기를 향하여

원망함을 들으셨음이라
우리가 누구이기에 너희가 우리에게 대하여 원망하느냐

8 모세가 또 이르되
여호와께서 저녁에는 너희에게 고기를 주어 먹이시고
아침에는 떡으로 배불리시리니

이는 여호와께서 자기를 향하여
너희가 원망하는 그 말을 들으셨음이라
우리가 누구냐

너희의 원망은 우리를 향하여 함이 아니요
여호와를 향하여 함이로다

9 모세가 또 아론에게 이르되
이스라엘 자손의 온 회중에게 말하기를

여호와께 가까이 나아오라
여호와께서 너희의 원망함을 들으셨느니라 하라

10 아론이 이스라엘 자손의 온 회중에게 말하매
그들이 광야를 바라보니
여호와의 영광(榮光)이 구름 속에 나타나더라

¹¹여호와께서 모세에게 말씀하여 이르시되

¹²내가 이스라엘 자손의 원망함을 들었노라
그들에게 말하여 이르기를

너희가 해 질 때에는 고기를 먹고
아침에는 떡으로 배부르리니
내가 여호와 너희의 하나님인 줄 알리라 하라 하시니라

¹³저녁에는 메추라기가 와서 진에 덮이고
아침에는 이슬이 진 주위에 있더니

¹⁴그 이슬이 마른 후에 광야 지면에 작고 둥글며
서리 같이 가는 것이 있는지라

¹⁵이스라엘 자손이 보고 그것이 무엇인지 알지 못하여
서로 이르되 이것이 무엇이냐 하니

모세가 그들에게 이르되
이는 여호와께서 너희에게 주어 먹게 하신 양식이라

16 여호와께서 이같이 명령하시기를
너희 각(各) 사람은 먹을 만큼만 이것을 거둘지니

곧 너희 사람 수효대로 한 사람에 한 오멜씩 거두되
각 사람이 그의 장막에 있는 자들을 위하여
거둘지니라 하셨느니라

17 이스라엘 자손이 그같이 하였더니
그 거둔 것이 많기도 하고 적기도 하나

18 오멜로 되어 본즉 많이 거둔 자도 남음이 없고
적게 거둔 자도 부족함이 없이
각 사람은 먹을 만큼만 거두었더라

19 모세가 그들에게 이르기를
아무든지 아침까지 그것을 남겨두지 말라 하였으나

20 그들이 모세에게 순종(順從)하지 아니하고
더러는 아침까지 두었더니 벌레가 생기고 냄새가 난지라
모세가 그들에게 노하니라

21 무리가 아침마다 각 사람은 먹을 만큼만 거두었고
햇볕이 뜨겁게 쬐면 그것이 스러졌더라

22 여섯째 날에는 각 사람이 갑절의 식물
곧 하나에 두 오멜씩 거둔지라
회중의 모든 지도자가 와서 모세에게 알리매

23 모세가 그들에게 이르되
여호와께서 이같이 말씀하셨느니라

내일은 휴일이니 여호와께 거룩한 안식일이라
너희가 구울 것은 굽고 삶을 것은 삶고
그 나머지는 다 너희를 위하여 아침까지 간수하라

24 그들이 모세의 명령대로 아침까지 간수하였으나
넘새도 나지 아니하고 벌레도 생기지 아니한지라

25 모세가 이르되 오늘은 그것을 먹으라
오늘은 여호와의 안식일인즉
오늘은 너희가 들에서 그것을 얻지 못하리라

26 엿새 동안은 너희가 그것을 거두되
일곱째 날은 안식일인즉 그 날에는 없으리라 하였으나

27 일곱째 날에 백성 중 어떤 사람들이
거두러 나갔다가 얻지 못하니라

28 여호와께서 모세에게 이르시되
어느 때까지 너희가 내 계명과 내 율법을
지키지 아니하려느냐

29 볼지어다 여호와가 너희에게 안식일을 줌으로
여섯째 날에는 이틀 양식을 너희에게 주는 것이니

너희는 각기 처소에 있고
일곱째 날에는 아무도 그의 처소에서 나오지 말지니라

30 그러므로 백성이 일곱째 날에 안식하니라

31 이스라엘 족속이 그 이름을 만나라 하였으며
깟씨 같이 희고 맛은 꿀 섞은 과자 같았더라

32 모세가 이르되 여호와께서 이같이 명령하시기를
이것을 오멜에 채워서

너희의 대대 후손을 위하여 간수하라
이는 내가 너희를 애굽 땅에서 인도하여 낼 때에

광야에서 너희에게 먹인 양식을
그들에게 보이기 위함이니라 하셨다 하고

33 또 모세가 아론에게 이르되
항아리를 가져다가 그 속에 만나 한 오멜을 담아
여호와 앞에 두어 너희 대대로 간수하라

34 아론이 여호와께서 모세에게 명령하신 대로
그것을 증거판 앞에 두어 간수하게 하였고

35 사람이 사는 땅에 이르기까지
이스라엘 자손이 사십 년 동안 만나를 먹었으니
곧 가나안 땅 접경에 이르기까지 그들이 만나를 먹었더라

³⁶오멜은 십분의 일 에바이더라

반석에서 물이 나오다

17 ¹이스라엘 자손의 온 회중이 여호와의 명령대로
신 광야에서 떠나 그 노정대로 행하여

르비딤에 장막을 쳤으나
백성이 마실 물이 없는지라

²백성이 모세와 다투어 이르되
우리에게 물을 주어 마시게 하라

모세가 그들에게 이르되 너희가 어찌하여 나와 다투느냐
너희가 어찌하여 여호와를 시험하느냐

³거기서 백성이 목이 말라 물을 찾으매
그들이 모세에게 대하여 원망하여 이르되

당신이 어찌하여 우리를 애굽에서 인도해 내어서
우리와 우리 자녀와 우리 가축이 목말라 죽게 하느냐

4 모세가 여호와께 부르짖어 이르되
내가 이 백성에게 어떻게 하리이까
그들이 조금 있으면 내게 돌을 던지겠나이다

5 여호와께서 모세에게 이르시되
백성 앞을 지나서 이스라엘 장로들을 데리고
나일 강을 치던 네 지팡이를 손에 잡고 가라

6 내가 호렙 산에 있는 그 반석 위 거기서
네 앞에 서리니 너는 그 반석을 치라

그것에서 물이 나오리니 백성이 마시리라
모세가 이스라엘 장로들의 목전에서 그대로 행하니라

7 그가 그 곳 이름을 맛사 또는 므리바라 불렀으니
이는 이스라엘 자손이 다투었음이요

또는 그들이 여호와를 시험하여 이르기를
여호와께서 우리 중에 계신가 안 계신가 하였음이더라

아말렉과 싸우다

8 그 때에 아말렉이 와서 이스라엘과 르비딤에서 싸우니라

9 모세가 여호수아에게 이르되
우리를 위하여 사람들을 택하여 나가서 아말렉과 싸우라

내일 내가 하나님의 지팡이를 손에 잡고
산 꼭대기에 서리라

10 여호수아가 모세의 말대로 행하여 아말렉과 싸우고
모세와 아론과 훌은 산 꼭대기에 올라가서

¹¹모세가 손을 들면 이스라엘이 이기고
손을 내리면 아말렉이 이기더니

¹²모세의 팔이 피곤하매 그들이 돌을 가져다가
모세의 아래에 놓아 그가 그 위에 앉게 하고

아론과 훌이 한 사람은 이쪽에서, 한 사람은 저쪽에서
모세의 손을 붙들어 올렸더니
그 손이 해가 지도록 내려오지 아니한지라

¹³여호수아가 칼날로 아말렉과 그 백성을 쳐서 무찌르니라

¹⁴여호와께서 모세에게 이르시되
이것을 책에 기록하여 기념하게 하고

여호수아의 귀에 외워 들리라
내가 아말렉을 없이하여 천하에서 기억도 못 하게 하리라

¹⁵모세가 제단을 쌓고 그 이름을 여호와 닛시라 하고

¹⁶이르되 여호와께서 맹세하시기를
여호와가 아말렉과 더불어
대대로 싸우리라 하셨다 하였더라

이드로가 모세를 방문하다

18 ¹모세의 장인이며 미디안 제사장인 이드로가
하나님이 모세에게와 자기 백성 이스라엘에게

하신 일 곧 여호와께서 이스라엘을
애굽에서 인도하여 내신 모든 일을 들으니라

²모세의 장인 이드로가
모세가 돌려 보냈던 그의 아내 십보라와

³그의 두 아들을 데리고 왔으니

그 하나의 이름은 게르솜이라
이는 모세가 이르기를
내가 이방에서 나그네가 되었다 함이요

4 하나의 이름은 엘리에셀이라
이는 내 아버지의 하나님이 나를 도우사
바로의 칼에서 구원하셨다 함이더라

5 모세의 장인 이드로가 모세의 아들들과 그의 아내와 더불어
광야에 들어와 모세에게 이르니
곧 모세가 하나님의 산에 진 친 곳이라

6 그가 모세에게 말을 전하되
네 장인 나 이드로가 네 아내와 그와 함께 한
그의 두 아들과 더불어 네게 왔노라

7 모세가 나가서 그의 장인을 맞아 절하고
그에게 입 맞추고 그들이 서로 문안하고
함께 장막에 들어가서

8 모세가 여호와께서 이스라엘을 위하여
바로와 애굽 사람에게 행하신 모든 일과

길에서 그들이 당한 모든 고난과
여호와께서 그들을 구원하신 일을 다 그 장인에게 말하매

9 이드로가 여호와께서 이스라엘에게 큰 은혜를 베푸사
애굽 사람의 손에서 구원하심을 기뻐하여

10 이드로가 이르되 여호와를 찬송하리로다
너희를 애굽 사람의 손에서와 바로의 손에서 건져내시고
백성을 애굽 사람의 손 아래에서 건지셨도다

¹¹이제 내가 알았도다 여호와는 모든 신보다 크시므로
이스라엘에게 교만하게 행하는 그들을 이기셨도다 하고

¹²모세의 장인 이드로가 번제물과 희생제물들을
하나님께 가져오매

아론과 이스라엘 모든 장로가 와서
모세의 장인과 함께 하나님 앞에서 떡을 먹으니라

우두머리를 세워 재판하게 하다

¹³이튿날 모세가 백성을 재판하느라고 앉아 있고
백성은 아침부터 저녁까지 모세 곁에 서 있는지라

¹⁴모세의 장인이 모세가 백성에게 행하는 모든 일을 보고
이르되 네가 이 백성에게 행하는 이 일이 어찌 됨이냐
어찌하여 네가 홀로 앉아 있고

백성은 아침부터 저녁까지 네 곁에 서 있느냐

¹⁵ 모세가 그의 장인에게 대답하되
백성이 하나님께 물으려고 내게로 옴이라

¹⁶ 그들이 일이 있으면 내게로 오나니
내가 그 양쪽을 재판하여
하나님의 율례와 법도(法度)를 알게 하나이다

¹⁷ 모세의 장인이 그에게 이르되
네가 하는 것이 옳지 못하도다

¹⁸ 너와 또 너와 함께 한 이 백성이 필경 기력이 쇠하리니
이 일이 네게 너무 중함이라 네가 혼자 할 수 없으리라

¹⁹ 이제 내 말을 들으라 내가 네게 방침을 가르치리니
하나님이 너와 함께 계실지로다

너는 하나님 앞에서 그 백성을 위하여
그 사건들을 하나님께 가져오며

20 그들에게 율례와 법도를 가르쳐서
마땅히 갈 길과 할 일을 그들에게 보이고

21 너는 또 온 백성 가운데서 능력 있는 사람들
곧 하나님을 두려워하며 진실(眞實)하며

불의한 이익을 미워하는 자를 살펴서 백성 위에 세워
천부장과 백부장과 오십부장과 십부장을 삼아

22 그들이 때를 따라 백성을 재판하게 하라
큰 일은 모두 네게 가져갈 것이요

작은 일은 모두 그들이 스스로 재판할 것이니
그리하면 그들이 너와 함께 담당할 것인즉

일이 네게 쉬우리라

23네가 만일 이 일을 하고 하나님께서도 네게 허락하시면
네가 이 일을 감당하고
이 모든 백성도 자기 곳으로 평안(平安)히 가리라

24이에 모세가 자기 장인의 말을 듣고
그 모든 말대로 하여

25모세가 이스라엘 무리 중에서
능력 있는 사람들을 택하여 그들을 백성의 우두머리
곧 천부장과 백부장과 오십부장과 십부장을 삼으매

26그들이 때를 따라 백성을 재판(裁判)하되
어려운 일은 모세에게 가져오고
모든 작은 일은 스스로 재판하더리

²⁷모세가 그의 장인을 보내니 그가 자기 땅으로 가니라

이스라엘 자손이 시내 산에 이르다

19 ¹ 이스라엘 자손이 애굽 땅을 떠난 지
삼 개월이 되던 날
그들이 시내 광야에 이르니라

² 그들이 르비딤을 떠나 시내 광야에 이르러
그 광야에 장막을 치되
이스라엘이 거기 산 앞에 장막을 치니라

³ 모세가 하나님 앞에 올라가니
여호와께서 산에서 그를 불러 말씀하시되

너는 이같이 야곱의 집에 말하고
이스라엘 자손들에게 말하라

4 내가 애굽 사람에게 어떻게 행하였음과
  내가 어떻게 독수리 날개로 너희를 업어
  내게로 인도하였음을 너희가 보았느니라

5 세계가 다 내게 속하였나니
  너희가 내 말을 잘 듣고 내 언약을 지키면
  너희는 모든 민족 중에서 내 소유가 되겠고

6 너희가 내게 대하여 제사장 나라가 되며
  거룩한 백성이 되리라
  너는 이 말을 이스라엘 자손에게 전할지니라

7 모세가 내려와서 백성의 장로들을 불러
  여호와께서 자기에게 명령하신
  그 모든 말씀을 그들 앞에 진술하니

⁸ 백성이 일제히 응답(應答)하여 이르되
여호와께서 명령하신 대로 우리가 다 행하리이다
모세가 백성의 말을 여호와께 전하매

⁹ 여호와께서 모세에게 이르시되
내가 빽빽한 구름 가운데서 네게 임함은

내가 너와 말하는 것을 백성들이 듣게 하며
또한 너를 영영히 믿게 하려 함이니라
모세가 백성의 말을 여호와께 아뢰었으므로

¹⁰ 여호와께서 모세에게 이르시되
너는 백성에게로 가서 오늘과 내일 그들을 성결하게 하며
그들에게 옷을 빨게 하고

¹¹ 준비하게 하여 셋째 날을 기다리게 하라

이는 셋째 날에 나 여호와가 온 백성의 목전(目前)에서
시내 산에 강림(降臨)할 것임이니

¹²너는 백성을 위하여 주위에 경계를 정하고 이르기를
너희는 삼가 산에 오르거나 그 경계를 침범하지 말지니
산을 침범하는 자는 반드시 죽임을 당할 것이라

¹³그런 자에게는 손을 대지 말고
돌로 쳐죽이거나 화살로 쏘아 죽여야 하리니

짐승이나 사람을 막론하고 살아남지 못하리라 하고
나팔을 길게 불거든 산 앞에 이를 것이니라 하라

¹⁴모세가 산에서 내려와 백성에게 이르러
백성을 성결하게 하니 그들이 자기 옷을 빨더라

¹⁵모세가 백성에게 이르되

준비하여 셋째 날을 기다리고
여인을 가까이 하지 말라 하니라

¹⁶셋째 날 아침에 우레와 번개와 빽빽한 구름이
산 위에 있고 나팔 소리가 매우 크게 들리니
진중(陣中)에 있는 모든 백성이 다 떨더라

¹⁷모세가 하나님을 맞으려고 백성을 거느리고
진에서 나오매 그들이 산 기슭에 서 있는데

¹⁸시내 산에 연기가 자욱하니
여호와께서 불 가운데서 거기 강림하심이라

그 연기가 옹기 가마 연기 같이 떠오르고
온 산이 크게 진동하며

¹⁹나팔 소리가 점점 커질 때에 모세가 말한즉

하나님이 음성으로 대답하시더라

20 여호와께서 시내 산 곧 그 산 꼭대기에 강림하시고
모세를 그리로 부르시니 모세가 올라가매

21 여호와께서 모세에게 이르시되
내려가서 백성을 경고하라

백성이 밀고 들어와 나 여호와에게로 와서
보려고 하다가 많이 죽을까 하노라

22 또 여호와에게 가까이 하는 제사장들에게
그 몸을 성결히 하게 하라
나 여호와가 그들을 칠까 하노라

23 모세가 여호와께 아뢰되
주께서 우리에게 명령하여 이르시기를

산 주위에 경계를 세워 산을 거룩하게 하라 하셨사온즉
백성이 시내 산에 오르지 못하리이다

²⁴여호와께서 그에게 이르시되
가라 너는 내려가서 아론과 함께 올라오고
제사장들과 백성에게는 경계를 넘어

나 여호와에게로 올라오지 못하게 하라
내가 그들을 칠까 하노라

²⁵모세가 백성에게 내려가서 그들에게 알리니라

십계명

20 ¹하나님이 이 모든 말씀으로 말씀하여 이르시되

²나는 너를 애굽 땅, 종 되었던 집에서 인도하여 낸
네 하나님 여호와니라

³ 너는 나 외에는 다른 신들을 네게 두지 말라

⁴ 너를 위하여 새긴 우상을 만들지 말고
또 위로 하늘에 있는 것이나 아래로 땅에 있는 것이나
땅 아래 물 속에 있는 것의 어떤 형상도 만들지 말며

⁵ 그것들에게 절하지 말며 그것들을 섬기지 말라
나 네 하나님 여호와는 질투(嫉妬)하는 하나님인즉

나를 미워하는 자의 죄를 갚되
아버지로부터 아들에게로 삼사 대까지 이르게 하거니와

⁶ 나를 사랑하고 내 계명을 지키는 자에게는
천 대까지 은혜를 베푸느니라

⁷ 너는 네 하나님 여호와의 이름을 망령되게 부르지 말라
여호와는 그의 이름을 망령되게 부르는 자를

죄 없다 하지 아니하리라

8 안식일(安息日)을 기억하여 거룩하게 지키라

9 엿새 동안은 힘써 네 모든 일을 행할 것이나

10 일곱째 날은 네 하나님 여호와의 안식일인즉
너나 네 아들이나 네 딸이나

네 남종이나 네 여종이나 네 가축이나
네 문안에 머무는 객이라도 아무 일도 하지 말라

11 이는 엿새 동안에 나 여호와가
하늘과 땅과 바다와 그 가운데 모든 것을 만들고
일곱째 날에 쉬었음이라

그러므로 나 여호와가 안식일을 복되게 하여
그 날을 거룩하게 하였느니라

¹²네 부모를 공경하라 그리하면 네 하나님 여호와가
네게 준 땅에서 네 생명이 길리라

¹³살인하지 말라

¹⁴간음하지 말라

¹⁵도둑질하지 말라

¹⁶네 이웃에 대하여 거짓 증거하지 말라

¹⁷네 이웃의 집을 탐내지 말라
네 이웃의 아내나 그의 남종이나 그의 여종이나

그의 소나 그의 나귀나
무릇 네 이웃의 소유를 탐내지 말라

백성이 두려워 떨다
¹⁸뭇 백성이 우레와 번개와 나팔 소리와

산의 연기를 본지라
그들이 볼 때에 떨며 멀리 서서

¹⁹모세에게 이르되 당신이 우리에게 말씀하소서
우리가 들으리이다

하나님이 우리에게 말씀하시지 말게 하소서
우리가 죽을까 하나이다

²⁰모세가 백성에게 이르되 두려워하지 말라
하나님이 임하심은 너희를 시험하고 너희로 경외(敬畏)하여
범죄하지 않게 하려 하심이니라

²¹백성은 멀리 서 있고
모세는 하나님이 계신 흑암으로 가까이 가니라

제단에 관한 법

²²여호와께서 모세에게 이르시되
너는 이스라엘 자손에게 이같이 이르라

내가 하늘로부터 너희에게 말하는 것을
너희 스스로 보았으니

²³너희는 나를 비겨서 은으로나 금으로나
너희를 위하여 신상을 만들지 말고

²⁴내게 토단을 쌓고 그 위에 네 양과 소로
네 번제와 화목제를 드리라

내가 내 이름을 기념하게 하는 모든 곳에서
네게 임하여 복을 주리라

²⁵네가 내게 돌로 제단을 쌓거든 다듬은 돌로 쌓지 말라
네가 정으로 그것을 쪼면 부정하게 함이니라

²⁶너는 층계로 내 제단에 오르지 말라
네 하체가 그 위에서 드러날까 함이니라

God bless you~

» Thinking space ...

개역개정·구약성경 쓰기

② 출애굽기상

1판 1쇄 발행 2024년 1월 20일

펴낸곳 우슬북
엮은이 김영기, 양 선
디자인 최영주

출판등록 2019년 4월 1일(제568-2019-000006호)
주소 충남 당진시 송산면 유곡로 20
출판사 전화 010.5424.7706
이메일 hyssop2000@daum.net
총판 하늘유통(031.947.7777)

값 10,000원
ISBN 979-11-93751-04-6 04230
       979-11-93751-03-9(세트)